JN083844

さっと漬けて今日食べられる

手軽な漬け物
定番の漬け物

じっくり漬ける季節の味も少ない手間で簡単に

料理研究家

大瀬 由生子

秀和システム

はじめに

　漬け物は、古くは食材を長期保存できるように塩漬けや酢漬けにしたものが始まりで、暮らしの知恵から生まれた歴史ある食べ物です。

　野菜を余すことなく食べられて栄養価が高く、発酵したうまみや味の変化が味わえるのが魅力。冷蔵庫に常備しておけば忙しいときの1品プラスにもなりとっても便利です。

　……とはいっても、大量に漬けるイメージで面倒そう、作っても食べきれない、傷んでしまいそうで怖い、と考える方も多いですよね。

　そこで、この本では少しの野菜で手軽に漬けられてすぐに食べられるレシピを考えました。さっと今日の晩御飯に出せる漬け物や、旬の時期に作ってみたい漬け物、キムチやらっきょうや梅干しといった定番の漬け物も、すべて極力手間を減らして簡単に作れるようにしています。どれくらいの時間で漬けられるか、保存期間はどれくらいかもすぐわかるようすべてのレシピに載せました。

　漬け物は簡単で栄養豊か、日々の食卓に彩りを添えてくれます。

　野菜たっぷりの漬け物を、毎日手軽に楽しむ暮らしを始めてみませんか?

大瀬　由生子

漬け物を作るときの基本

入れ物や道具について

　この本では次の道具を使います。長く保存する漬け物の場合は必ず殺菌しましょう

- **保存袋**……ジッパー付きの保存袋がおすすめです。長期保存する漬け物の場合はできれば食品用アルコールまたは35℃以上の焼酎をキッチンペーパーに含ませて拭いてください
- **保存容器**……ふたつきで密閉できるものを使用し、食品用アルコールまたは35℃以上の焼酎をキッチンペーパーに含ませて拭いてください。煮沸消毒できるものは煮沸消毒を！
- **保存瓶**……煮沸消毒をするか、食品用アルコールまたは35℃以上の焼酎をキッチンペーパーに含ませて拭いてください

＊煮沸消毒の仕方

1. 鍋にふたを開けた瓶とふたを入れ、かぶるくらいの水を注ぎ中火にかける。
2. 沸騰して5分煮たら弱火にし、さらに5分煮る。
3. トングなどで取り出し、乾いた清潔な布巾に逆さにのせて自然乾燥させる。ふたをしめるときは必ずふちをきれいに拭く。

※取り出す時は火傷しないようトングなどを使ってください。瓶は温度差があると割れるので必ず水から煮るようにしましょう。

保存について

　長持ちさせるためには、なるべく空気に触れさせないのがポイントです。保存袋ならしっかりと空気を抜きましょう。保存容器や保存瓶が大きい場合は、ラップを密着させてからふたをしたり、重しを入れるとよいです。

　冷蔵庫や冷暗所の指定がある場合はその場所に、指定がない場合は冷暗所におきましょう。保存袋や容器に作った日付とレシピ名を書いておくと安心です。

　冷暗所とは、直射日光が当たらない温度が低く一定に保たれた場所（15℃前後）です。家電などの放熱がない場所、湿気のたまらない風通しの良い場所におきましょう。

この本の使い方

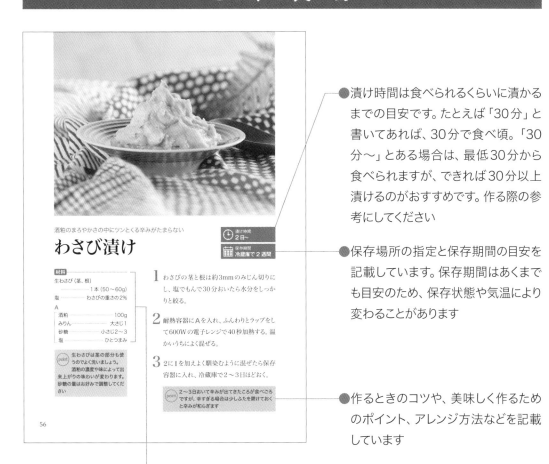

酒粕のまろやかさの中にツンとくる辛みがたまらない

わさび漬け

材料
生わさび（茎、根）
.... 1本 (50〜60g)
塩 わさびの重さの2%
A
酒粕 100g
みりん 大さじ1
砂糖 .... 小さじ2〜3
塩 .... ひとつまみ

> **point** 生わさびは茎の部分も使うのでよく洗いましょう。酒粕の濃度や味によって出来上がりの味わいが変わります。砂糖の量はお好みで調整してください

1 わさびの茎と根は約3mmのみじん切りにし、塩でもんで30分おいたら水分をしっかりと絞る。

2 耐熱容器にAを入れ、ふんわりとラップをして600Wの電子レンジで40秒加熱する。温かいうちによく混ぜる。

3 2に1を加えよく馴染むように混ぜたら保存容器に入れ、冷蔵庫で2〜3日ほどおく。

> **point** 2〜3日おいて辛みが出てきたころが食べごろですが、辛すぎる場合は少しふたを開けておくと辛みが和らぎます

56

● 漬け時間は食べられるくらいに漬かるまでの目安です。たとえば「30分」と書いてあれば、30分で食べ頃。「30分〜」とある場合は、最低30分から食べられますが、できれば30分以上漬けるのがおすすめです。作る際の参考にしてください

漬け時間
2日〜

保存期間
冷蔵庫で2週間

● 保存場所の指定と保存期間の目安を記載しています。保存期間はあくまでも目安のため、保存状態や気温により変わることがあります

● 作るときのコツや、美味しく作るためのポイント、アレンジ方法などを記載しています

● 材料は作りやすい分量を基本としています。漬け物が傷むのを避けるため、塩分濃度はむやみに変えずにきちんと計量するようにしましょう
醤油やみりんなどは種類によって塩けや甘みが異なるので、レシピを目安に味を調整しても構いません

レシピの表記について

● 計量の単位は、大さじ1は15mℓ、小さじ1は5mℓ、1カップは200mℓです
● 電子レンジの加熱時間はメーカーや機種により異なるので、様子を見て加減してください
● フライパンや鍋は、サイズや素材により調理時間、水分蒸発量などが違うので調整してください
● 特に注釈のない調味料は、砂糖は上白糖、塩は食塩、醤油は濃い口しょうゆ、お酢は穀物酢、みりんは本みりんを使用しています
● 保存期間はあくまでも目安です。保存状態や気温などによって変わるのでご注意ください

さっと漬けて今日食べられる
手軽な漬け物 定番の漬け物

目次

第1章

さっと漬けて今日食べられる!

手軽な漬け物

第2章

ちょっと先の楽しみに!
ひと晩〜3日くらいで

食べごろの漬け物

第 1 章

さっと漬けて
今日食べられる!
手軽な
漬け物

あっさり味で野菜をたくさん食べられるいちばん簡単なお漬物

キャベツの即席漬け

🕐 漬け時間
10分

📅 保存期間
冷蔵庫で3日

材料

キャベツ	2〜3枚
にんじん	1/8本
きゅうり	1/2本
生姜	1片
塩	小さじ1/2〜1

1 キャベツはザク切り、にんじんは薄いいちょう切り、きゅうりは薄切り、生姜は千切りにする。

2 保存袋に**1**と塩を入れ、軽くもんで10分ほどおく。

3 水けをきって器に盛る。

point 白いりごまや鰹節をふってもおいしいです

なすの漬け物

5分で作れる救世主！きゅうりやズッキーニでも作れます

なすの即席漬け

漬け時間
5分

保存期間
冷蔵庫で3日

材料

なす ································ 1本
塩 ··························· 小さじ1/4

A
[生姜 (すりおろし) ····· 小さじ1/2
  白いりごま ············· 小さじ1/2
  醤油 ·························· 少々

1 なすを5mmほどの半月切りにし、塩をふって5分ほどおく。

2 水けを絞り、Aを混ぜる。

（point）鰹節をふりかけるのもおすすめです

昆布茶のほどよいうまみとじゅわっと染みる野菜の滋味

なすと茗荷の
昆布茶漬け

漬け時間
10分〜

保存期間
冷蔵庫で1日

材料

なす ································ 1本
茗荷 ······························ 1個
昆布茶 ················· 小さじ1〜2

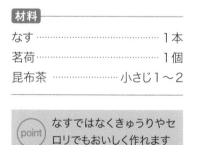
（point）なすではなくきゅうりやセロリでもおいしく作れます

1 なすは5mmほどの半月切り、茗荷は斜め切りにする。

2 保存袋に**1**を入れ、昆布茶を加えて袋の上からもみ10分以上おく。

（point）昆布茶の量はお好みで。ほんの少し醤油を足してもOK！長くおくと味がしみます

きゅうりの漬け物

アクセントの生姜でさっぱり、ぽりぽり、箸が進みます

きゅうりの醤油漬け

<table>
<tr><td>漬け時間
1時間～</td><td>保存期間
冷蔵庫で2週間</td></tr>
</table>

材料

きゅうり	2本
塩	小さじ1/2
生姜	1片
A	
醤油	大さじ3
砂糖	大さじ2
酢	大さじ1

1 きゅうりは1cm幅に切り、生姜は千切りにする。

2 きゅうりに塩をふり20～30分ほどおく。その間にAを鍋に入れて強火にかけ、沸騰したら火を止めてあら熱をとる。

3 きゅうりがしんなりしたら水けを絞り、**2**の漬け汁を加え、冷蔵庫で1時間以上おく。

 point 「醤油：砂糖：酢＝3：2：1」と覚えておけば、ほかの野菜を漬けるときにも応用できます

3日に1度は作ってしまうお気に入り！からしの風味がやみつきに

きゅうりの塩麹からし漬け

🕐 漬け時間
1時間〜

📅 保存期間
冷蔵庫で3日

📋材料

きゅうり ………………………… 2本

A
- 塩麹 ………………………… 大さじ2
- 粉からし ………………………… 大さじ1
- 砂糖 ………………………… 大さじ1

1 きゅうりの皮を縞になるようにピーラーでむき、食べやすい大きさに切る。

2 保存袋にAを入れてよく混ぜたらきゅうりを加えてもみ、1時間以上おく。

鮮やかな赤が美しい甘酢漬け、もちろん白い大根でも

赤い大根甘酢漬け

<table>
<tr><td>🕐 漬け時間
3時間</td><td>📅 保存期間
冷蔵庫で2週間</td></tr>
</table>

材料

赤い大根(白い大根も可) …… 150g
塩 …………………………… 小さじ1/2
A
┌ 酢 ……………………… 大さじ4
└ 砂糖 …………………… 大さじ3

point 甘さ控えめがお好みなら
砂糖を大さじ2にしても
OK

1 大根は皮をむき、スライサーで薄切りにする。塩をふって全体を混ぜ、20分ほどおく。

2 鍋にAを入れて火にかけて混ぜ、砂糖が溶けたら火を止めて冷ます。

3 2のあら熱がとれたら、水けを軽く絞った大根と共に保存袋に入れ、冷蔵庫で3時間ほどおく。

切ってから漬ける時短レシピ

簡単べったら漬け

🕐 漬け時間
3時間～

📅 保存期間
冷蔵庫で1週間

材料

大根·············· 1/4本 (250g)
塩 ····················· 大さじ1/2
A
　┌ 甘酒·························· 100mℓ
　│ 昆布························ 4cm角1枚
　└ 柚子の皮 (薄切り) ···········適量

1 大根は4mm厚さのいちょう切りにし、塩を
ふって10分おく。

2 保存袋にしっかりと水けを絞った大根とA
を入れ、冷蔵庫で3時間以上おく。

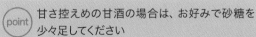 point 甘さ控えめの甘酒の場合は、お好みで砂糖を
少々足してください

むいたあとの皮も捨てないで！立派な一品に

大根の皮のきんぴら

材料

大根の皮	1/2本分
めんつゆ（2倍希釈）	大さじ1と1/2
砂糖	少々
ごま油	小さじ1
白いりごま	小さじ1〜2
七味唐辛子	好みの量

1 大根の皮は3〜4mmの千切りにし、油（分量外）を熱したフライパンで炒める。

2 めんつゆと砂糖を加えさらに炒め、仕上げにごま油をフライパンの鍋肌にまわしかける。

3 白いりごまをまぶし、お好みで七味唐辛子をふる。

葉つきの大根を買ったらぜひ試してみて

大根の葉のふりかけ

材料

大根の葉	60g
ごま油	大さじ1/2
白いりごま	小さじ1/2

A
めんつゆ（2倍希釈）	大さじ1
酒	小さじ1

1 大根の葉はさっと洗って水けを拭きとり、粗みじん切りに刻む。

2 フライパンにごま油を熱し、大根の葉を入れて炒める。

3 2にAを加え、しんなりするまで炒めたら火を止めて白いりごまをふる。

19

ゆかりふりかけを使ってささっと一品

かぶのゆかり和え

🕐 漬け時間
10分

📅 保存期間
冷蔵庫で1日

材料
かぶ……………………… 2個
ゆかり………………… 小さじ1

point 大根でもおいしく作れます

1 かぶは皮をむいて薄いいちょう切りにする。

point 茎をみじん切りにして彩りに少し加えてもOK

2 保存袋に**1**とゆかりを入れ、袋の上からもんで10分ほどおく。

生イカではなくするめを使うので下処理不要で簡単！

イカにんじん

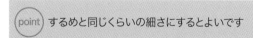

🕐 漬け時間
1 時間〜

📅 保存期間
冷蔵庫で 1 週間

材料

するめ（細切り） ························· 20g
にんじん ······························· 1本
A
 ┌ 醤油 ··························· 大さじ2
 │ 本みりん ····················· 大さじ1
 └ 赤唐辛子（輪切り）········· 1本分

 point 細切りのするめはスーパー
の乾物コーナーやネット
スーパーで購入できます

1 にんじんは皮をむき、細めの千切りにする。

point するめと同じくらいの細さにするとよいです

2 保存袋に**1**とするめと**A**を入れてもみ、1時間以上おく。

白菜の漬け物

ごま油とお酢でさっぱりとお箸が進む中華風白菜漬け

ラーパーツァイ

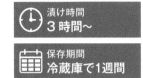

漬け時間
3時間〜

保存期間
冷蔵庫で1週間

材料

白菜	1/6個（300g）
塩	小さじ1
生姜	1片
赤唐辛子（輪切り）	1本分

A

酢	50mℓ
砂糖	大さじ2
ごま油	大さじ2
塩	小さじ1
花椒（あれば）	小さじ1/2

point 白菜は葉よりも芯の部分を使うとなおよいです

1 白菜は1cm幅に切り、塩をふって10分おき水けを軽く絞る。生姜は千切りにする。

2 小さめの鍋にAを入れて火にかけ、1と赤唐辛子を加えて火を止める。
あら熱がとれたら保存容器に入れて3時間以上おく。

切って漬ければ20分で出来上がり！あと一品の救世主

白菜の切漬け

漬け時間
20分〜

保存期間
冷蔵庫で1週間

材料

白菜	1/6個（300g）
塩	白菜の重さの3%（9g）
昆布	5cm角1枚
赤唐辛子（輪切り）	1本分

1 白菜は5cm角に切り、保存袋に入れて塩を加え、口をとじてよくふる。

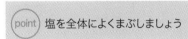

point 塩を全体によくまぶしましょう

2 1に昆布と赤唐辛子を加え、空気を抜いて口をとじ20〜30分ほどおく。

オリーブオイル漬け

ナンプラー漬け

レモンでさっぱり、サラダ感覚で召し上がれ

セロリのオリーブオイル漬け

🕐 漬け時間
5時間～

📅 保存期間
冷蔵庫で1か月

材料
セロリ ……………………… 1本 (100g)
レモン ……………………… 1/4個
A
　塩 …………………………… 小さじ1/2
　オリーブオイル ……………… 50mℓ

 point　レモン果汁だけでも作れますが、皮を入れると風味がUP！茹でたタコと和えてマリネにするのもおすすめ

1 セロリは葉を除いて筋をとり、3cm幅に切り、さっと茹でてザルにあげる。

2 レモンは皮を薄くむいて千切りにし、果汁を絞っておく。

3 瓶にAと2を入れよくふって混ぜ合わせたら、1を加え5時間以上おく。

エスニック風でピリッと食卓のアクセントに！

セロリのナンプラー漬け

🕐 漬け時間 **1 時間**　　📅 保存期間 **冷蔵庫で1週間**

材料

セロリ ……………………1本 (100g)
にんにく …………………………… 1片
赤唐辛子 (輪切り) ……… 1本分
A
　ナンプラー ……… 大さじ1と1/2
　砂糖……………………… 小さじ2
　レモン汁 ……………… 大さじ1

1 セロリは葉を除いて筋を取り、4cmの拍子木切りにしてさっと茹でてザルにあげる。にんにくは薄切り、赤唐辛子は種をとって輪切りにする。

2 保存袋に**1**と**A**を入れてもみ、1時間ほどおく。

---

side recipe

残ったセロリの葉でもう一品
セロリの葉のふりかけ

材料

セロリの葉 …………………… 1本分
しらす ………………… 大さじ1〜2
ごま油………………………… 小さじ1
白いりごま ………………… 小さじ1

A
　めんつゆ (2倍希釈) …… 大さじ1/2
　酒 ……………………………… 小さじ1

1 セロリの葉はさっと洗って水けをきり、粗みじん切りに刻む。

2 フライパンにごま油を入れセロリの葉を炒める。

3 しらすと**A**を入れ、水分がなくなるまで炒めたら、白いりごまを加えて和える。

すぐ作れて長持ち！うまみが溶けたオイルも絶品の洋風漬け物

マッシュルームの
ガーリックオイル漬け

🕐 漬け時間 10分〜	📅 保存期間 冷蔵庫で1か月

材料

マッシュルーム	10個
にんにく	2片
赤唐辛子	1本
オリーブオイル	100mℓ
塩	小さじ1/2
ローリエ	1枚

1 マッシュルームは石づきをとる。にんにくは包丁の背で軽くつぶす。赤唐辛子は種をとり半分に切る。

 point 食べやすい大きさに切ってもOK

2 フライパンにオリーブオイルと**1**のにんにく、赤唐辛子を入れ、弱火で香りが出るまで炒める。

3 **2**にマッシュルームと塩、ローリエを加えて中火で8〜10分炒め煮する。マッシュルームから小さな泡が出てこなくなったら火を止める。

4 あら熱がとれたら保存瓶に入れて、冷蔵庫で保存する。

 point オイルはパスタやアヒージョに使うのもおすすめです

彩りよく付け合わせの華に！普通の玉ねぎでも作れます

紫玉ねぎの甘酢漬け

漬け時間
2 時間〜

保存期間
冷蔵庫で2 週間

材料

紫玉ねぎ ………… 1個（約200g）

A

酢 ……………………… 大さじ4
砂糖…………………… 大さじ2
塩 ……………………… 小さじ1

1 紫玉ねぎは皮をむいて縦半分に切り、スライサーで薄切りにする。

2 耐熱容器に**A**を入れ、600Wの電子レンジで30秒加熱してよく混ぜ、砂糖を溶かす。

3 保存瓶に**1**を入れ、**2**を注いでふたをして2時間以上おく。

麹のやさしい甘みでまろやかなピクルスに

甘酒ピクルス

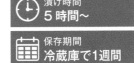

漬け時間
5時間〜

保存期間
冷蔵庫で1週間

材料

にんじん	1/2本
赤パプリカ	1/2個
黄パプリカ	1/2個
セロリ (茎の部分)	1本分
きゅうり	1本

A

甘酒	200mℓ
酢	100mℓ
塩	小さじ2
にんにく	1片
ローリエ	1枚

1 野菜は同じ大きさの拍子木切りにする。にんにくは縦半分に切り、包丁の背でつぶす。

2 ボウルにAを入れてよく混ぜる。

3 保存容器に**1**と**2**を入れて混ぜ、ふたをして冷蔵庫で5時間以上おく。

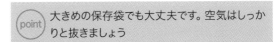

point 大きめの保存袋でも大丈夫です。空気はしっかりと抜きましょう

オイキムチ

野菜たっぷりの
みずみずしさ！
漬け時間が長いほど
おいしくなります

🕐 漬け時間
5時間〜

📅 保存期間
冷蔵庫で1週間

材料

きゅうり	2本
大根	3cm
にんじん	1/6本
長ねぎ	1/4本
にら	1本

A
アミの塩辛	15g
韓国産粉唐辛子	大さじ1/2
にんにく(すりおろし)	1/2片分
生姜(すりおろし)	1/2片分
はちみつ	小さじ1

B
リンゴジュース(果汁100%)	50mℓ
水(湯ざまし)	大さじ2

1 きゅうりはヘタを落として長さを半分に切る。片側の端を2cmほど残して、縦に十字の切り目を入れる。塩大さじ1(分量外)をまぶして30分おく。

2 大根、にんじん、長ねぎは千切り、にらは1cm幅に切る。

3 Aを混ぜ合わせ、**2**を加えてよく混ぜる。

4 **1**のきゅうりを軽く洗って水けを拭きとり、切り目に**3**を丁寧にはさむ。保存容器または保存袋に並べ、**B**を注いで全体に馴染ませて冷蔵庫で5時間以上おく。

(point) 半日ほどおくと味がよく馴染みます

(point) アミの塩辛(写真下)は、キムチ作りに欠かせないアミえびを使った塩辛。韓国食品店などで手に入ります。韓国産の粉唐辛子は辛みが少なくうまみや甘みが多いので、必ず韓国産のものを使ってください

(point) 水は雑菌のもとになるため、できれば湯冷ましを使用してください

ぽりぽりとつい箸が進むシンプルな大根キムチ

カクテキ

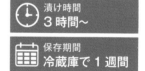
漬け時間
3 時間〜

保存期間
冷蔵庫で 1 週間

材料

大根……………………………… 1/2本

A
生姜 (すりおろし)…………1片分
にんにく (すりおろし)………1片分
砂糖…………………………… 大さじ1/2
韓国産粉唐辛子
………………………… 大さじ1/2〜1
アミの塩辛……………………20g
リンゴジュース (果汁100%)
……………………………… 小さじ1

point アミの塩辛は韓国食品店
などで手に入ります

1 大根は皮をむき、1.5cmの角切りにする。

2 大きめの保存袋に**1**の大根と塩小さじ2
（分量外）を入れ、よくもむ。30分ほどお
き、大根から出た水分を捨てる。

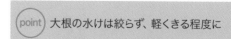
point 大根の水けは絞らず、軽くきる程度に

3 **2**に**A**を入れてよく混ぜ、空気を抜いて口
をとじ、3時間〜半日ほどおく。

第 2 章

ちょっと先の楽しみに!
ひと晩〜3日くらいで

食べごろの
漬け物

乳酸菌たっぷりの辛くないキムチ。塩分は控えめなのでサラダ感覚で食べられます

季節野菜の水キムチ

🕐 漬け時間
夏：3時間〜／春〜秋：2日／冬：3日

📅 保存期間
冷蔵庫で1週間

材料（作りやすい分量）

A（漬け汁）
水	200mℓ
米粉	小さじ1/2
粗塩	小さじ1
砂糖	小さじ1/2

B
りんご（またはなし）	1/4個
生姜（薄切り）	2〜3枚
にんにく（薄切り）	1〜2枚

C（季節の野菜）
お好みのものを食べたい量でOK

【例】
大根	100g
にんじん	1/6本
きゅうり	1/4本
パプリカ（黄・赤）	各1/8個

そのほか、かぶ、セロリ、茗荷、コリンキーなどを
入れてもよい

 point 季節の野菜は漬け汁と同量ぐらい。野菜・
果物は皮ごと使います

1 Aを鍋に入れ、火にかけて煮溶かす。軽く沸騰したら火を止め、冷ましておく。

2 Bのりんごは皮をむかずに芯を除き、4mm厚さのいちょう切りにする。

3 Cの野菜はりんごと同じくらいの食べやすい大きさの薄切りにする。

 野菜の皮は乳酸菌を豊富に含むので、むかずにそのまま使うこと！

4 清潔な密閉容器に**1**の漬け汁、**2**と**3**の野菜を入れる。

5 夏場なら3時間〜半日、春秋なら2日、冬なら3日ほど室温におき、その後冷蔵庫に入れる。

 発酵が進むと小さな気泡が出てきて、酸味やとろみが出てきます。たくさん作って毎日味が変わっていく様子を楽しむのもよいでしょう

---

side recipe

水キムチの汁に含まれる乳酸菌は、キムチの約2倍、ぬか漬けの10倍以上！
腸内環境の改善や免疫力向上、美白効果などいいことずくめのスープです

水キムチの乳酸菌たっぷり野菜スープ

材料

鶏ささみ	1本
塩	ひとつまみ
酒	少々
鶏ささみの茹で汁	100mℓ
水キムチ	50g
水キムチの汁	180mℓ
ごま油	小さじ1

1 小さめの鍋に湯を沸かして塩と酒を入れ、鶏ささみを中火で3分ほど茹でたら、ふたをして余熱で火を通す。あら熱がとれたら茹で汁を100mℓとりわけ、ささみは細く裂く。

2 **1**のささみと茹で汁、水キムチ、水キムチの汁を合わせて冷蔵庫で冷やす。

3 食べる直前にごま油を回しかけて出来上がり。

 そうめんや冷麺を入れてもおいしいです

酸味の素は実は塩だけ！
キャベツの葉についている乳酸を発酵させて作る
ドイツの伝統的保存食

ザワークラウト

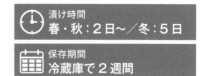

漬け時間
春・秋：2日〜／冬：5日

保存期間
冷蔵庫で2週間

材料

キャベツ ………… 1/2個 (300g)
塩 …キャベツの重さの2〜2.5% (6g)
A
[ローリエ ………………………… 1枚
  キャラウェイシード (あれば)
  ……………………………… 小さじ1/2]

point 素材から出た水分と漬け込むので、キャベツは新鮮なものを！

point 気温が高めのときは塩を2.5%くらいまで増やすと傷みにくくなります

1 調理器具や保存容器は除菌をしておく。キャベツは必ず洗わないまま芯を除き、スライサーなどで千切りにする。

 point 洗うとキャベツの持つ乳酸菌が失われ、発酵しにくくなってしまいます

2 ボウルに1のキャベツと塩を入れ、水が出るまでしっかりもんだらAを加えて混ぜる。

point ビニール手袋をするか、よく洗った清潔な手で

3 保存袋に2を入れて、しっかりと空気を抜いて口をとじ、キャベツの重さの20%くらいの重し (皿などでOK) をのせる。

4 春・秋は2〜3日、冬は5日ほどおく。キャベツが黄色っぽくなり、泡が出てきたら食べごろ。冷蔵庫に入れて保存する。

 point カビが生えたり、臭いが強く傷んでいると思ったら捨てること！

赤紫蘇を使わず梅酢で簡単＆添加物ゼロで安心！
とにかくごはんが進む定番のおいしさ

赤梅酢の柴漬け

🕐 漬け時間
3日

📅 保存期間
冷蔵庫で2週間

材料

なす ………………………… 1本
きゅうり ……………………… 1本
茗荷 ………………………… 2個
生姜 ………………………… 1片
大葉 ………………………… 2枚
塩 ……………… 野菜の重さの1%
A
┌ 赤梅酢 ……………… 大さじ4
└ 砂糖（またはみりん）… 大さじ1

 point 赤梅酢の色で色付けをするので、梅酢の種類によって色づく具合は変わります

1 なすはへたを取って4mm厚さの半月切り、きゅうりは4mm厚さの輪切り、茗荷は斜め薄切り、生姜は皮をむいて千切り、大葉は5mm幅の千切りにする。

2 1の重さをはかって塩の量を計算し、保存袋に野菜と塩を入れて全体を馴染ませる。

3 2を平らにならし、2倍ぐらいの重さの重しをのせて3時間おく。

 point 重しはお皿やペットボトルに水を入れたものなどで大丈夫です

4 3の野菜の水分をしっかりと絞り、保存容器に入れて**A**を加え、冷蔵庫で3日ほどおく。

 point 野菜の水けをしっかり絞ることで、梅酢が入って赤くなります

手作りの福神漬けは甘さ控えめで
さっぱり、野菜たっぷり

福神漬け

🕐 漬け時間
3日

📅 保存期間
冷蔵庫で1か月

 材料

大根 ……………………………… 150g
かぶ …………………………………… 1個
にんじん ……………………… 1/3本
なす …………………………………… 1本
きゅうり ……………………… 1/2本
生姜 ………………………………… 20g
塩 ………………… 野菜の重さの2%

A
┌ 醤油 …………………………… 80mℓ
│ 本みりん ………………… 80mℓ
│ 砂糖 ………………………… 大さじ2
│ 酒 …………………………… 大さじ1
└ 酢 …………………………… 大さじ1

1 鍋に**A**を入れて火にかけ、ひと煮立ちしたら火を止めておく。

2 大根、かぶ、にんじんは薄いいちょう切り、なすは半分に切って薄切り、きゅうりは薄切り、生姜は千切りにする。野菜の重さをはかって塩の量を計算し、野菜を塩でよくもんで1時間おく。

3 **2**の野菜の水けをよく絞り、**1**と混ぜ合わせる。

4 鍋に**3**の汁だけを戻し入れて再び火にかけ、煮立ったら火を止めてあら熱をとる。

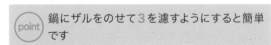

point 鍋にザルをのせて**3**を濾すようにすると簡単です

5 保存容器に**3**の野菜と**4**の汁を入れ、冷蔵庫で3日ほどおく。

ヨーグルトの酸味が味噌でまろやかになる意外なおいしさ

ヨーグルト味噌漬け

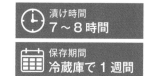

🕐 漬け時間
7〜8時間

📅 保存期間
冷蔵庫で1週間

材料

プレーンヨーグルト …………100g
味噌………………………………50g
お好みの野菜 (大根、にんじん、
きゅうり、茗荷など)
………………………………150g

 point 味噌の種類や塩分、ヨーグルトの水分によって味加減が変わるので、お好みで調整してみてください

1 ヨーグルトと味噌をボウルに入れてよく混ぜ合わせる。野菜は大きければ保存袋に入れやすい大きさに切る。

2 保存袋に**1**を入れ、冷蔵庫で7〜8時間ほどおく。

3 食べる際にお好みでヨーグルト味噌を軽く落とし、食べやすい大きさに切る。

第 **3** 章

おもてなしや手土産にも！
旬の食材を味わう

季節の
漬け物

たけのこの漬け物

収穫後のたけのこは鮮度が命！手に入れたらすぐに茹でましょう

たけのこの茹で方

保存期間
冷蔵庫で4〜5日

材料

たけのこ（皮つき）……………………… 1〜3本
米ぬか ……………………… 1カップ（約50〜60g）
※米ぬかがない場合は米のとぎ汁をたけのこが浸
　るくらいの量を入れ、水を足す
赤唐辛子 ……………………………… 1本

1 たけのこの皮を2〜3枚むいて全体をさっと洗う（根元が残っている場合は削るようにむいて落とす）。先端は斜めに切り落とす。縦に2〜3cm深さの切れ目を入れる。

2 鍋にたけのこをと米ぬか（または米のとぎ汁）、赤唐辛子を入れてかぶるくらいの水を注ぎ、たけのこが浮かないよう皿などで落としぶたをして強火にかける。沸騰したらふつふつ沸く程度の弱火にし、アクを取りながら50分〜1時間ほど茹でる。

point 途中で湯が少なくなったら湯を足してください

3 固い根元に竹串を刺してすっと入れば火を止め、そのまま6〜8時間以上おいてしっかり冷ます。

4 たけのこが完全に冷めたら水洗いしてぬかをきれいに取り除き、縦に入れた切れ目から皮をむく。

5 穂先のほうの柔らかい皮（姫皮）は残し、穂先から真ん中の部分は縦に、根元は横に、食べやすいサイズに切る。保存する場合は保存容器に水を入れ、たけのこが完全に水に浸った状態でふたをして冷蔵庫で保存する。

point 根元から真ん中の部分はぜひ次のページから紹介する漬け物に。穂先の柔らかい部分は酢味噌和えや梅肉和え、味噌汁の具などにして食べるのがおすすめです

茹でたたけのこを漬けるだけ！
1年中楽しめるのでぜひ一度は試してみて

たけのこの甘酢漬け

漬け時間
5時間～

保存期間
冷蔵庫で1年

材料

茹でたたけのこ …………… 350g

A
- 酢 …………………… 大さじ6
- 砂糖 ………………… 大さじ6
- 塩 …………………… 大さじ2

point 「酢：砂糖：塩＝3：3：1」と覚えておくと便利です

1 たけのこは食べやすい大きさに切る。

2 鍋にAを入れて弱火にかけ、砂糖と塩が溶けたら火を止めてあら熱をとる。

3 保存容器に**1**と**2**を入れて、冷蔵庫で5時間以上おく。

こちらも長持ちする常備菜。パスタや炒め物にあると便利

たけのこのオイル漬け

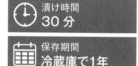

漬け時間
30分

保存期間
冷蔵庫で1年

材料

茹でたたけのこ …………… 200g
にんにく ……………………… 1片
赤唐辛子 ……………………… 1本
塩 …………………………… 小さじ1
ローリエ …………………… 1枚
粒こしょう（あれば）………… 5粒
オリーブオイル
　…150mℓ（たけのこが浸るくらいの量）

1 たけのこは食べやすい大きさに切る。にんにくは薄切り、赤唐辛子は種を除き7mm幅に切る。

2 フライパンにオリーブオイル大さじ1（分量外）とにんにく、赤唐辛子を入れて弱火で炒め、香りがたってきたらたけのこを加え中火で炒める。塩を入れ、味をととのえる。

3 保存瓶に**2**を入れ、ローリエ、粒こしょう、オリーブオイルを加えて30分ほどおく。あら熱がとれたらふたをして冷蔵庫で保存する。

そのまま食べても、炊き込みごはんに入れても

たけのこの だし醤油漬け

漬け時間
10分

保存期間
冷蔵庫で1か月

材料

茹でたたけのこ	250g

A（だし醤油）

かつおだし	200mℓ
醤油	大さじ3
砂糖	大さじ1
酒	大さじ1
塩	小さじ1/2

1 たけのこは厚さ5mm程度の食べやすい大きさに切る。

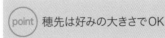

point 穂先は好みの大きさでOK

2 Aを鍋に入れて煮立て、煮立ったらたけのこを加えて弱めの中火で10分ほど煮る。火を止めて、あら熱がとれるまで冷ます。

---

side recipe

旬を味わう贅沢なごちそう
たけのこの炊き込みごはん

材料

米	2合
たけのこのだし醤油漬け（汁気を除く）	120〜150g
だし醤油漬けの漬け汁	100mℓ
油揚げ	1/2枚
木の芽（飾り用）	少々（あれば）

1 米を研いで30分〜1時間浸水させ、ザルにあげて水けをきる。油揚げは5mm角のみじん切りにする。

2 炊飯器の内釜に米とだし醤油漬けの漬け汁を入れ、2合のメモリまで水を注ぐ。

3 たけのこと油揚げを入れて炊飯する。

4 炊けたら全体を混ぜて茶碗に盛り、あれば木の芽を飾る。

山椒の漬け物

山椒は下茹でして冷凍しておくと好きなときに使えて便利
茹でた山椒は「山椒の青煮」ともいいます

山椒の茹で方

📅 保存期間
冷凍庫で1年

材料

山椒	あるぶんだけ
水	たっぷりと

1 実山椒は枝からはずし、ごみなどを取り除いてから水で洗う。

2 たっぷりの湯で6〜7分間、湯がプクプクと
煮立つ程度の火加減を保ちながら、実山椒
が指の腹でつぶれるくらいの堅さになるま
で茹でる。

 必ず指の腹で固さを確かめましょう。長く茹で
るほど山椒の辛みが抜けていきます

3 ザルにあげて水に浸し、途中何度か水を替
えながら1時間くらい水にさらす。

 一粒食べてみて、アクが強いようなら水にさら
す時間を長くします

4 **3**をザルにあげ、水けをよくきる。

 保存する場合は、水けをキッチンペーパーなど
でしっかり拭きとり、保存袋などに入れて冷凍
すると1年ほど使えます

シンプルな醤油漬けは醤油代わりにお料理に使えます

山椒の醤油漬け

🕐 漬け時間
2週間

📅 保存期間
冷蔵庫で1年

材料

茹でた山椒……………………… 100g
A
┌ 日本酒 ………………… 100mℓ
│ 醤油………………………… 大さじ4
└ みりん…………………… 大さじ2

1 鍋に**A**と山椒の実を入れて中火にかけ、煮立ったら火を止める。

2 あら熱がとれたら瓶に入れ、ふたをして冷蔵庫で2週間ほどおく。

ピリッと爽やかな風味の万能オイル

山椒のオイル漬け

🕐 漬け時間
2週間

📅 保存期間
冷蔵庫で1年

材料

茹でた山椒……………………80g
エクストラバージンオリーブオイル
………………………… 200mℓ

1 瓶に山椒の実を入れ、オリーブオイルを注ぐ。

2 山椒が浸っている状態にして冷蔵庫で2週間ほどおく。

 山椒の風味がついたオイルは、カルパッチョやドレッシング、肉や魚のソースなどに使えます

夏から秋にかけてが旬の茗荷は、たくさん漬けておいて常備菜に

茗荷の甘酢漬け

🕐	漬け時間 5時間	📅	保存期間 冷蔵庫で1か月

材料

茗荷 ································ 15個

A

- 酢 ····························· 200mℓ
- 砂糖 ··························· 50g
- 塩 ························· 小さじ1

1 茗荷は洗って縦半分に切り、たっぷりの湯でさっと茹でてザルにあげ、水けをきる。

2 鍋にAを入れて弱火にかけ、砂糖と塩が溶けたら火を止めて冷ます。

3 保存瓶に**1**を入れて**2**を注ぎ、茗荷が甘酢に浸っている状態にして冷蔵庫で5時間ほどおく。

お寿司でお馴染みの「がり」も、家で漬ければ好きなだけ食べられます

新生姜の甘酢漬け

🕐 漬け時間
3時間〜

📅 保存期間
冷蔵庫で半年

材料
新生姜 ……………………… 200g
A
┌ 酢 ……………………… 200mℓ
│ 砂糖 …………………………… 40g
└ 塩 ………………………………… 少々

1 生姜は軽く皮を落とし、スライサーで薄切りにして10分間水にさらす。ザルにあげて水けをきっておく。

2 鍋に**A**を入れて弱火にかけ、砂糖と塩が溶けたら火を止めてあら熱をとる。

3 鍋にたっぷりの湯を沸かし、**1**の生姜をさっと茹でてザルにあげる。

4 保存瓶に水けをきった**3**と**2**を入れ、3時間以上おく。

大葉にんにく醤油

ごはんにまいたり、お肉や炒飯に合わせたり、組合せを楽しんで

大葉にんにく醤油

⏰ 漬け時間
30分

📅 保存期間
冷蔵庫で1週間

材料

大葉	10枚
にんにく	1片

A

醤油	大さじ1
ごま油	大さじ1/2
白いりごま	小さじ1
赤唐辛子（輪切り）	1本分

1 大葉を洗い、キッチンペーパーで水けを拭きとる。にんにくは薄切りにする。

2 保存容器に**1**と**A**を入れ、ラップを密着させて冷蔵庫で30分以上おく。

しその実がもし手に入ったらぜひ試してみて

しその実の醤油漬け

⏰ 漬け時間
2日

📅 保存期間
冷蔵庫で半年

材料

青しその実	100g

A

醤油	100mℓ
本みりん	50mℓ

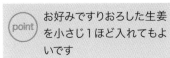
point お好みですりおろした生姜を小さじ1ほど入れてもよいです

1 青しそは穂先を持って下向きに実をしごく。しごいた実は水につけてかき混ぜ、よく洗う。

2 鍋に湯を沸かして**1**のしその実をさっと茹でて、一度水に浸してからザルにあげてキッチンペーパーで水けをとる。

3 鍋に**A**を入れて煮立て、冷ましたら**2**と一緒に保存瓶に入れて冷蔵庫で2日ほどおく。

酒粕のまろやかさの中にツンとくる辛みがたまらない

わさび漬け

漬け時間
2日～

保存期間
冷蔵庫で2週間

材料

生わさび（茎、根）
.... 1本（50〜60g）
塩 わさびの重さの2%

A
- 酒粕 100g
- みりん 大さじ1
- 砂糖 .... 小さじ2〜3
- 塩 .... ひとつまみ

 point
生わさびは茎の部分も使うのでよく洗いましょう。酒粕の濃度や味によって出来上がりの味わいが変わります。砂糖の量はお好みで調整してください

1 わさびの茎と根は約3mmのみじん切りにし、塩でもんで30分おいたら水分をしっかりと絞る。

2 耐熱容器にAを入れ、ふんわりとラップをして600Wの電子レンジで40秒加熱する。温かいうちによく混ぜる。

3 2に1を加えよく馴染むように混ぜたら保存容器に入れ、冷蔵庫で2〜3日ほどおく。

point 2〜3日おいて辛みが出てきたころが食べごろですが、辛すぎる場合は少しふたを開けておくと辛みが和らぎます

我が家では、柚子が出回る季節になると何度も食卓に上がります

柚子大根

🕐 漬け時間
3時間〜

📅 保存期間
冷蔵庫で3日

材料

大根	400g
塩	大さじ1

A
砂糖	大さじ3
酢	大さじ3
柚子の皮（千切り）	1個分
柚子の果汁	大さじ1

1 大根は皮をむき、繊維に沿って1cm×4cmの拍子木切りにする。

2 保存袋に**1**を入れて塩を加えて10分おく。耐熱容器に**A**を入れてふんわりとラップをし、600Wの電子レンジで30秒加熱してよく混ぜて砂糖と塩を溶かす。

3 **2**の大根の水けをきり、あら熱をとった**A**を加えて軽くもみ、冷蔵庫で3時間以上おく。

大根を薄切りにして15分で漬ける時短レシピです

ひらひら柚子大根

漬け時間	保存期間
15分	冷蔵庫で3日

材料

大根	1/4本
塩	小さじ1

A

酢	大さじ2
砂糖	大さじ1
塩	小さじ1/4
柚子の皮	1/4個分
柚子果汁（あれば）	少々

1 大根は皮をむき、スライサーで薄切りにする。柚子の皮は千切りにする。

2 大根をビニール袋に入れ、塩をふってまんべんなく塩が回るように軽くもむ。しんなりして水分が出てきたらしっかり絞る。

3 耐熱容器に**A**を入れてふんわりとラップをし、600Wの電子レンジで30秒加熱してよく混ぜる。

4 保存袋に**2**の大根と柚子の皮、あれば柚子果汁を入れ、15分ほどおく。

柚子と塩麴だけで簡単！まろやかな塩けと柚子がよく合います

白菜の柚子塩麴漬け

材料

白菜	200g

A

塩麴	大さじ1
柚子の皮	1/2個分
柚子の果汁	大さじ1

1 白菜は1cm幅に切る。柚子の皮は刻む。

2 保存袋に**1**と**A**を入れて軽くもみ、30分ほどおく。

59

今年のお正月は手作りで！
材料も実は数の子以外は手に入りやすいものばかり

松前漬け

⏱ 漬け時間
2時間〜

📅 保存期間
冷蔵庫で1か月

材料

がごめ昆布（細切り）	20g
するめ（細切り）	20g
数の子（塩抜き）	2本
にんじん	1/4本
水	大さじ3
赤唐辛子	1本

A
酒	大さじ1
本みりん	大さじ1
砂糖	小さじ1/2
醤油	大さじ1

1 にんじんは皮をむき、するめと同じくらいの細さの千切りにする。数の子は小さく割る。赤唐辛子は種をとっておく。

2 保存容器に昆布、するめ、水を入れ、混ぜる。

3 耐熱容器にAを入れて600Wの電子レンジで20秒加熱し、よく混ぜて砂糖を溶かす。

4 2に1のにんじんと数の子、赤唐辛子を入れて3を注ぎ、よく混ぜ合わせて2時間以上おく。

 point 2時間くらいで食べられますが、できればひと晩はおいたほうが味わいがよくなります

炊飯器で作る甘酒の作り方

砂糖を使わなくても麹の甘みがある米麹の甘酒が、
自宅の炊飯器で簡単に作れます。

材料

米麹 ……………………………… 300g
水 ………………… 400〜500mℓ

 point 米麹は生でも乾燥でもOK、分量は変わりません。水の量を調整してください

1 炊飯器に米麹と水を入れて1回かき混ぜ、麹に水を吸わせる。水が少なければひたひたより1.5〜2cm上まで水を足す。

2 ふたをしめずにぬれた布巾で覆い、炊飯器を保温モードにして4〜5時間おく。途中、水が少なくなったらかぶるくらいまで水を足す。

3 甘くなっていれば出来上がり!消毒した瓶などに入れて、冷蔵庫で保存する。

甘酒の飲み方

1日に飲む量の目安は200mℓまで、1回に飲む量は大さじ2ほど、水や牛乳で割って飲むのがおすすめです。

飲むタイミングはいつでも構いませんが、寝起き(体が目覚め血糖値をあげる)や、お酒を飲む前(アルコール分解酵素が働く)などが特に効果的。小分けにして飲むとよいです。

アルコール分はゼロなので、お子様も安心して飲めます。

甘酒の保存について

自家製の甘酒は加熱殺菌をしていないので、作った後は密閉できる保存容器や瓶などに移し、冷蔵庫に入れて1週間以内に飲みきるようにしましょう。

甘酒ってこんなにすごい!

甘酒は江戸時代から親しまれ、夏バテ防止のために飲まれていた伝統食。栄養価が高く、「飲む点滴」ともいわれています。甘酒には次のような効果があるといわれています。

・腸内環境の改善

・脳の活性化

・疲労回復

・肝臓強化

・美肌効果

・脂肪酸やコレステロールの抑制

甘酒に豊富に含まれる酵素は、60℃で活性が失われてしまいます。市販の甘酒は加熱殺菌されていますが、自家製の甘酒なら、活性している酵素や新鮮なビタミンなどを余すことなくいただけます。

第**4**章

じっくり漬け仕事!
作ってみたい

定番の漬け物

切らずに丁寧に漬ける昔ながらの白菜漬け
冬の白菜はいっそう甘くておいしいです

白菜漬け

漬け時間
3〜4日

保存期間
冷蔵庫で2週間

材料

白菜 ························· 1/4個
下漬け用の塩
 ················· 白菜の重さの2.5%
本漬け用の塩
 ··· 下漬けした白菜の重さの0.5%
昆布 ···················· 3×5cm1枚
赤唐辛子（輪切り）········· 1本分

＜下漬け＞

1 白菜は切り口を上に向け、ザルにのせて4
時間ほど日光に当て水分を飛ばす。

point 断面が少し乾いた感じになり、葉と葉の間にすき間があきます

2 白菜の重さをはかり、下漬け用の塩の量を
計算する。

3 葉を一枚ずつ開いて下漬け用の塩の2/3を
均等にふり、残りの1/3の塩は全体にまぶす。

point 重しは水を入れたペットボトルや、家にあるちょうどよい重さのもので大丈夫です

4 保存袋に白菜を入れ、空気を抜いて口をとじる。

5 バットや皿などに入れ、白菜の重さの2倍の重しをのせ、冷暗所に1日おく。

<本漬け>

6 白菜を袋から取り出し、水けを絞る。水けを絞った白菜の重さをはかり、本漬け用の塩の量を計算する。

7 保存袋の底に本漬け用の塩の半量をふり、その上に白菜をのせる。

8 残りの塩をふり、昆布と赤唐辛子を加える。

9 バットや皿などに入れて再び重しをのせ、冷暗所に2〜3日ほどおく。

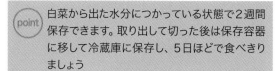

point 白菜から出た水分につかっている状態で2週間保存できます。取り出して切った後は保存容器に移して冷蔵庫に保存し、5日ほどで食べきりましょう

ぬか床とぬか漬け

手入れの仕方や漬ける野菜で味わいが変わる奥深さ

ぬか床の作り方

完成まで約 10 日

材料

米ぬか（生ぬか）……………… 800g
塩 ……………… 80g（ぬかの10%）
赤唐辛子（輪切り）……… 1本分
昆布 ……………… 10cm
水 ……………… 700g
くず野菜（捨て漬け用）
…… キャベツの外葉なら2～3枚、
大根の皮なら1/2本分など

1 昆布は2cm幅にカットする。ボウルに米ぬかと塩を入れ、塩がむらなくいきわたるように手で混ぜる。

2 **1**のボウルに昆布と赤唐辛子、水を加えてよく混ぜる。

 point　固ければ耳たぶぐらいの固さになるまで少しずつ水を足します

3 保存容器に**2**と捨て漬け用の野菜を入れ、野菜がぬかから顔を出さないように覆う。表面を手でしっかり押さえて平らにならし、ふたをして3日ほど室内におく。

 point　20～25℃くらいの温度が一定に保てる場所に

4 野菜がしぼんで水が出てきたら取り出し、ぎゅっと絞ってぬか床に野菜の水分を戻す。新たな捨て漬け用の野菜を入れ、**3**と**4**を最低2回は繰り返す。

 point　野菜の水分を吸ってぬかがしっとりとしてきます

5 ぬかをぎゅっと握ってわずかに水分がにじむくらいになったら出来上がり。p.69を参考にお好みの野菜を漬けてください。

68

ぬか漬けは乳酸菌が豊富で健康効果抜群！ぜひ毎日の食卓に

野菜の漬け方

 漬け時間
半日〜1日

材料 好みのものを、食べたいぶんだけ

● **そのまま漬けられるもの**

にんじん、きゅうり、大根、キャベツ、ピーマン、パプリカ、かぶ、オクラ、茗荷、うり、アボカドなど

● **茹でてから漬けるもの**

かぼちゃ、ブロッコリー、じゃがいも、たけのこ、カリフラワー、ふき、太いごぼうなど

● **塩でもんで漬けるもの**

なす、細いごぼうなど

point たいていの野菜はひと晩で漬かります。あっさりめが好みなら半日、にんじんなど固いものは1〜2日ほどおきます。

point 長く漬けておくとしょっぱくなり色や食感が変わるので、漬けるのは3日程度まで。取り出したら冷蔵庫に保存し1〜2日で食べきるのがおすすめです。毎日少しずつ漬けて楽しみましょう

そのまま漬ける場合

1 皮やヘタなどを取り、水洗いして水けを拭いて適当な大きさに切る。

2 野菜が隠れるようにぬか床にうめ、手で押して空気を抜き、表面を平らにして容器を密閉し1日ほどおく。

茹でてから漬ける場合

1 皮やヘタなどを取り、水洗いして固さが残る程度の半茹でにして冷まます。

2 野菜が隠れるようにぬか床にうめ、手で押して空気を抜き、表面を平らにして容器を密閉し1日ほどおく。

塩でもんで漬ける場合

1 皮やヘタなどを取り、水洗いして塩をまぶして手でもみ、水けとアクを出す。

2 野菜が隠れるようにぬか床にうめ、手で押して空気を抜き、表面を平らにして容器を密閉し1日ほどおく。

ぬか床の育て方

ぬか床の保存について

ぬか床の適温は 20 ～ 25℃（人が快適に感じる温度と同じ）です。涼しく、なるべく温度の変わらないところに保存しましょう。夏の暑い日は冷蔵庫の野菜室へ入れても大丈夫です。
※冷蔵庫に入れる場合は発酵が遅くなるので、漬ける時間を長くしましょう

手入れについて

ぬか床の表面には酵母菌、中層には酸味やうまみを引き出す乳酸菌、底面には酪酸菌と、それぞれ異なる菌がいます。基本的に１日１回かき混ぜて、よい菌のバランスを保ちましょう。

混ぜるときはぬか床の表面を中に押し込み、底の部分をすくって上下を返すように全体を混ぜます。ぐるぐる中だけかき混ぜるのはNG！上から下に、下から上に、入れ替えるようなイメージで。

発酵が進む春、夏、秋は１日に１回、気温が低く発酵が遅くなる冬は数日に１回かき混ぜます。留守にする場合は冷蔵庫に入れれば１週間ほど放置しても大丈夫です。

水分が多くなった場合は？

ぬか床に水分が多くなってきたら、下の方法でたしぬかをします。水分にはたっぷりの乳酸菌が含まれているので、安易に捨てないようにしましょう。

たしぬかの仕方

1. 生ぬか 100g に対し、塩 7g と赤唐辛子（輪切り）１本分を混ぜる。
2. ぬか床に１を少しずつ加えながらよく混ぜ、耳たぶくらいの固さになったら表面を手でしっかり押さえて空気を抜き、平らにならす。すぐに野菜を漬けてよい。

＊一度に大量のぬかを足すと発酵が遅くなったり、ぬか床の味が変わる原因になるので、足す量は状態を見て加減してください

＊生ぬかは傷んだり虫がついたりしやすいので、手に入ったらすぐに処理しましょう。生ぬかもたしぬかも、保存袋などに入れてしっかりと口をとじれば冷凍庫で保存できます

【こんなときどうする？ぬか床】
・表面が白い、地割れしたようになった
→表面に張る白い膜は酵母なので、少しならそのままぬか床に混ぜ込んで大丈夫です。気になる場合はそこだけとり除きましょう。
・靴下のようなにおいがする
→上下を返すように、よくかき混ぜましょう。においがあまりにも強く、腐ったように感じられる場合は菌が死んでいる可能性もあるので、新しく作り直すことをおすすめします。
・酸味が強い
→菌のバランスが崩れている可能性があります。

よくかき混ぜ、気になる場合は冷蔵庫に入れて発酵をおさえます。
・塩辛い
→塩を加えずに少しだけたしぬかをします。塩分が少なくなると腐りやすいので注意！

【ぬか漬けの活用方法】
ぬか漬けは、下味がついた野菜として様々な料理に使えます。巻きずしの具、てまり寿司の具、サラダ、キッシュ、チャーハン、焼きそばなど、いろんな料理に使ってみてください。

保存袋で簡単！少ない量で作れるのでお試しにぴったり

生ぬかで作るたくあん

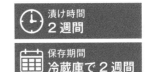

漬け時間
2週間

保存期間
冷蔵庫で2週間

材料

大根…………… 約1/2本 (500g)

A
```
生ぬか ……………………… 90g
塩 …… 大根の重さの3% (15g)
きび砂糖 ………………… 30g
昆布……………… 2×3cm角4枚
赤唐辛子 (輪切り) …… 1本分
```

point あればリンゴの皮を少し入れると風味がよくなります

もし大根が大量に手に入ったら、保存袋ではなく写真のように大きな保存容器で作ることもできます。
大きい大根の場合は、容器に入る長さで縦4等分など、作りやすく食べやすいサイズにして構いません。必ず大根の表面が隠れるようにぬかをかぶせてください。

1 大根は縦半分に切り、皮をむいてザルなどにのせて半日ほど干す。

point 水分が軽く抜ける程度に乾けばOK。冷蔵庫で少ししなびてしまった大根があればそれでも大丈夫です

2 Aを保存袋に入れてよく混ぜ合わせ、**1**の大根を入れる。

3 ぬかで大根を覆うようにし、空気を抜いて口をとじたら皿にのせ、2kgほどの重しをのせて1〜2日おく。

point 気温が高い時期は早く漬かることがあります。大根の水分でぬかがしっとりとしたら次の手順に進みましょう

4 大根の水分が出てしっとりしてきたらよくもんで全体を漬かるようにし、冷蔵庫に入れて重しをせずに10日ほどおく。

お手軽キムチ

塩らっきょう

添加物のない手作りのおいしさは格別！
本場の味はそのままに、作る手間をぐっと減らしたのでぜひ試してほしいレシピです

お手軽キムチ

🕐 漬け時間
2～3日

📅 保存期間
冷蔵庫で1か月

材料

白菜 ……………………… 1/4個

ヤンニョム
白桃（缶詰・半割）　2個（60g）
大根……………………… 1/4本
にんじん ………………… 1/4本
長ねぎ ………………… 1/4本分
にら ……………………… 3本
韓国産粗挽き唐辛子………40g
韓国産粉唐辛子 ……10～15g
アミの塩辛………………60g

A
にんにく（すりおろし）… 小さじ2
生姜（すりおろし）……… 小さじ1
ナンプラー ……………… 大さじ2
こしょう…………………………少々
甘酒………………………… 大さじ4

1 缶詰の桃は汁けをきって2mmの薄切り、大根とにんじんは5cm長さの千切り、長ねぎは斜め薄切り、にらは3cm長さに切る。

2 白菜は水洗いせず、ごみや傷んだ部分を取り除く。

3 ヤンニョムを作る。ボウルに**1**を入れて混ぜ合わせ、唐辛子2種類とアミの塩辛、**A**を加えよく混ぜる。

point 唐辛子の刺激が強いのでビニール手袋を使うのがおすすめです

point 韓国産の唐辛子とアミの塩辛（写真上）は、韓国食品店やネットショップなどで手に入ります。国産の唐辛子で代用すると辛くなりすぎるのでぜひ韓国産の唐辛子で！

4 白菜の葉を下から1枚ずつ広げ、3のヤンニョムを葉の根元まで塗り込む。周りにも塗る。

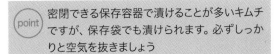
point 葉の間すべてに塗り込むので、必ず下から、まんべんなくヤンニョムを広げてください

5 大きめの保存袋に入れ、空気を抜いて口をとじ、冷暗所に2〜3日おく。

point 密閉できる保存容器で漬けることが多いキムチですが、保存袋でも漬けられます。必ずしっかりと空気を抜きましょう

自家製らっきょうのいいところは、日をおくごとに味の変化が楽しめること
洗って漬けたら後は1日1回瓶を振るだけなので、難しいこともありません

塩らっきょう

 漬け時間
1週間　　保存期間
冷暗所で1年

材料

らっきょう‥‥‥‥‥‥‥‥‥‥‥‥ 1kg
赤唐辛子‥‥‥‥‥‥‥‥‥‥‥‥ 2本
A
┌ 水 ‥‥‥‥‥‥‥‥‥‥‥ 800mℓ
└ 塩 ‥‥‥‥‥‥‥‥‥‥‥ 120g

1 赤唐辛子は種を取っておく。鍋にAを入れて火にかけ、かき混ぜながら煮る。塩が溶けたら火を止め、冷ましておく。

2 らっきょうは流水で洗って泥を落とし、株がつながっている場合はバラバラにして、根と茎を包丁で切って捨てる。

 point　先端は切り落とし、きれいな部分だけ残します

3 水を入れたボウルにらっきょうを入れ、もみ洗いしながら薄皮をむく。らっきょうの水けをよく拭いたら消毒した保存瓶に入れ、赤唐辛子とAを入れる。

4 ふたをして冷暗所に1週間ほどおく。1日1回、瓶の上下を返すようにして全体を混ぜる。

 point　泡が浮いてきたら発酵している状態。この状態で冷暗所で1年保存できます。時々ゆらしてふたをあけ、ガスを抜いてください

5 食べる際に、好みの量をボウルに移してたっぷりの水に浸し、8時間ほど塩抜きをする。

 point　塩抜きをする時間はお好みで様子を見てください。塩抜きをした後のらっきょうは水けをきって保存容器に移し、冷蔵庫で1年ほど保存できます

塩らっきょうを作ったら好きな量を取り分けて甘酢漬けに

塩らっきょうで作る甘酢漬け

🕐 漬け時間
10日　　📅 保存期間
冷蔵庫で半年

材料
塩らっきょう　好みの量（100g〜）
赤唐辛子 ………………………… 1本
A（甘酢）
┌ 酢 …………………………… 200mℓ
└ 砂糖…………………………80g

1 塩らっきょうはたっぷりの水に8時間ほど漬けて塩抜きをし、キッチンペーパーで水けを拭きとる。赤唐辛子は種を取っておく。

2 鍋にAを入れて火にかけ、砂糖が溶けたら火を止めてあら熱をとる。

3 保存瓶に**1**と**2**を入れ、冷暗所に10日ほどおく。

生のらっきょうをそのまま甘酢に漬ける方法です

生らっきょうで作る甘酢漬け

🕐 漬け時間
3週間～

📅 保存期間
冷蔵庫で1年

材料

らっきょう	500g
赤唐辛子	2本

A
酢	200mℓ
砂糖	100〜120g
水	100mℓ
粗塩	大さじ1と1/2

(point) 砂糖100gだと甘さ控えめになります。お好みで加減してください

1 らっきょうは流水で洗って泥を落とし、株がつながっている場合はバラバラにして、根と茎を包丁で切って捨てる。赤唐辛子は種を取っておく。

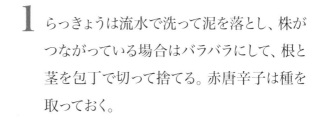

(point) 先端は切り落とし、きれいな部分だけ残します

2 水を入れたボウルにらっきょうを入れ、もみ洗いしながら薄皮をむく。むいたらザルにあげて水けをよく拭きとり、消毒した保存瓶に入れて赤唐辛子をのせる。

3 鍋にAを入れて火にかけ、かき混ぜながら煮る。砂糖と塩が溶けたら火を止め、あら熱をとって2の瓶に注ぎ、ふたをする。冷暗所で3週間以上おく。

(point) Aの甘酢は、熱いまま注ぐとらっきょうに熱が入り少し柔らかくなります。冷めてから注げばシャキシャキの仕上がりに。お好みで加減してください

生のらっきょうを梅酢に漬けるだけで彩りよく夏らしい一品に

らっきょうの赤梅酢漬け

🕐 漬け時間 **2週間〜**	
📅 保存期間 **冷蔵庫で半年**	

材料

らっきょう	300g
A	
赤梅酢	100mℓ
水	100mℓ
砂糖	60g

1 らっきょうを水洗いして泥を落とし、株がつながっている場合はバラバラにして根と茎を包丁で切って捨てる。

2 ボウルに**1**と水を入れ、もみ洗いしながら薄皮をむく。むいたらザルにあげて水けをよく拭きとり、消毒した保存瓶に入れる。

3 **A**を鍋に入れて煮立たせたら火を止め、あら熱をとって**2**に注ぎ入れる。ふたをして冷暗所で2週間以上おく。

味付けはなし、切ってごま油で和えるだけ

らっきょうときゅうりの箸休め

材料

らっきょう (塩らっきょうor甘酢漬け) ············ 10個
きゅうり ···································· 1/2本
ごま油 ······································ 適量

1 らっきょうときゅうりを千切りにする。

2 器に入れ、ごま油をかけて和える。

らっきょうをパスタに？これが意外と合うんです！

らっきょうペペロンチーノ

材料

パスタ ·································· 160g
らっきょう (塩らっきょうor甘酢漬け) ··· 6個
にんにく ································· 1片
ベーコン (薄切り) ······················ 3枚
しめじ ································· 1/2パック
万能ねぎ ································· 2本
赤唐辛子 (輪切り) ····················· 1本分
オリーブオイル ······················· 小さじ2
らっきょうの汁 ······················· 大さじ1
醤油 ·································· 小さじ1

1 にんにくはみじん切り、ベーコンは4mm幅、らっきょうは半分に切る。しめじは根元を切り落としほぐす。万能ねぎは小口切りにする。パスタを袋の表示通りに茹でる。

2 フライパンにオリーブオイルとにんにくを入れて弱火で熱し、香りがたったら赤唐辛子とベーコンを加えて炒める。

3 しめじとらっきょう、らっきょうの汁を加えて炒め、しんなりしたら醤油を加えて火を止める。

4 茹で上がったパスタに**3**のソースをからめて器に盛り、万能ねぎをちらす。

梅干し

漬け時間
赤紫蘇入りの梅干しにする場合：約1か月

　一般的な梅干し作りの工程は「❶梅を塩漬けにし❷赤紫蘇を入れて漬け❸土用干しをする」の３ステップですが、実は全ての工程をやらなくても大丈夫。❶の状態で食べても良いし、❷の赤紫蘇は入れなくても大丈夫。面倒なら❸の土用干しもしなくていいんです。梅を干すのは日光に当てて水分を飛ばすことで殺菌性を高めるためで、干さない場合は「梅漬け」として食べられます。自分の生活に合わせて作りやすい方法で試してください。

梅づくりの流れ
❶ 梅の塩漬け：６月中旬～下旬（２～３日）
❷ 赤紫蘇漬け：６月下旬まで～７月上旬ごろ（２週間以上）
❸ 土用干し：７月中旬～下旬ごろ（３日間）

① 梅の塩漬け（梅漬け）

干す前の、赤紫蘇も入れない「梅の塩漬け」は、
梅のシンプルなうまみを味わえる漬け物

🕐 漬け時間
2日〜（6月下旬〜7月上旬）

📅 保存期間
冷暗所で1年以上

材料

完熟梅 ……………………… 1kg
塩 ……… 150g（梅の重さの15％）

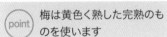

point 梅は黄色く熟した完熟のも
のを使います

1 梅をさっと洗い、ひとつひとつ丁寧に水けを拭きとる。梅のなり口を竹串で取り除く。

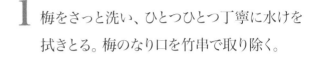

2 消毒した保存袋に塩と梅を交互に入れて最後に塩をのせる。空気をしっかり抜いて上に重し（ペットボトル2ℓぶん）をのせる。

3 1日2回は袋をもみ、全体を馴染ませて空気を抜き、上下を返して再び重しをのせて冷暗所に2〜3日ほどおく。

4 梅の水分（梅酢）が出て、梅が完全に梅酢に浸ったら完成。そのまま食べる場合は消毒した保存容器に移し、冷暗所で保存する。

● 赤紫蘇入りの梅干しにする場合→ P84 へ
● 赤紫蘇を入れない関東干しにする場合は
　2〜3週間そのまま冷暗所におき→ P85 へ

② 赤紫蘇漬け

梅の塩漬けに赤紫蘇で色と風味をつけたのが赤紫蘇漬け
昔ながらの味が好みの人におすすめですが、入れなくても大丈夫

🕐 漬け時間
2週間〜（6月下旬〜7月上旬）

📅 保存期間
冷暗所で1年以上

材料

梅の塩漬け（P83）	1回分
梅の塩漬けの梅酢	200mℓ

A
赤紫蘇	200g
塩	40g

 point 赤紫蘇を入れると風味が良くなりますが、手に入らなければこの工程はしなくても構いません

1 赤紫蘇は太い茎を除いてきれいに洗い、キッチンペーパーなどで水けをよく拭きとる。

2 ボウルに1とAの塩の半量を加え、手でよくもむ。しばらくすると黒い水（アク）が出てくるので、しっかりと絞って捨てる。

3 残りの塩を加えて再び手でよくもみ、アクをしっかり絞ったら、梅の塩漬けの梅酢を回し入れる。

4 梅酢が赤くなったら、梅の塩漬けの保存袋に3の赤紫蘇を汁ごとかぶせるように入れて口をとじる。再び重しをして2〜3週間冷暗所においたら赤紫蘇漬けの完成。

●梅干しにする場合→ P85 へ
●赤紫蘇漬けとして食べる場合→消毒した保存容器に移し、冷暗所で保存する

③ 土用干し

漬けた梅を干すと、なぜか日に当てたお布団のようにふっくらと柔らかい仕上がりに
もし、梅雨明けの晴れた日に時間があれば数時間でも試してみて

漬け時間	保存期間
3日（梅雨明け）	冷暗所で1年以上

材料

梅の塩漬け（P83）もしくは
赤紫蘇漬け（P84）

1 梅雨明けで晴天が3日以上続きそうな日を狙い、土用干しをする。梅をひとつひとつ取り出し、ザルに広げて干す。
赤紫蘇漬けの赤紫蘇は梅酢を絞ってザルにのせ、全体が重ならないようにほぐして広げる。

2 3日間干す（太陽が出ている数時間だけでもよい）。2日目と3日目は、梅酢にくぐらせてから干すとしっとりする。

 太陽光に当てると殺菌されて保存性が増し、味に深みが出て色が良くなります。P86の「干すときの注意点」も参考にしてください

3 3日間干した後、さわって表面が乾いていたら保存容器に移して冷蔵庫に保存する。柔らかい梅が好みの場合は、梅が浸るくらいの梅酢を加えて保存する。

 梅酢は瓶に入れて保存し、しば漬けやドレッシングなどに使いましょう

 赤紫蘇は干してフードミルやすり鉢で細かくするとふりかけになります

梅干し作りのコツ

梅の選び方・買い方

　6月から7月にかけてスーパーや産直市場などに梅が出回ります。青くて硬い青梅から、熟して黄色くピンクがかった完熟梅があります。

　青い梅はまだ熟していないので、追熟させる必要があります。黄色い完熟梅ならそのまま漬けられるので、ぜひ黄色いものを選んでください。

青梅の追熟のさせ方

　青梅は購入したらすぐ袋から出し、平らなザルや新聞紙に並べて、風通しのよい日陰で3～5日ほどおいて追熟させます。黄色く色づいて香りがしてきたら追熟完了です。

傷んだ部分はどうする?

　傷んだ実は傷の部分からカビが生えるので取り除き、やさしく水洗いをしてください。洗ったら清潔な布巾で、傷をつけないようにやさしく水気を拭き、1個ずつ竹串でヘタを取りましょう。

漬けるときのカビの原因と対処法

　カビが発生する原因としては、容器が清潔でないこと、塩分が低いこと、梅が傷んでいることなどが挙げられます。漬ける前に必ず容器を消毒し、レシピの塩分濃度を守りましょう。

　また、梅の実がしっかりと梅酢に漬かっている状態にしておくとカビは生えにくいです。
・塩漬けしたときのカビ
白い膜のようなカビが発生したら、カビている梅と梅酢を取り除き、残りの梅は干し、梅酢は鍋で煮たてて冷まします。梅酢が冷めたら、消毒した容器に梅と梅酢を戻します。
・赤紫蘇を加えた後のカビ
赤紫蘇のカビは、その部分だけそっと取り除けばよいです。
・干した後のカビ
保存瓶に移してから生えたカビは、カビが生えた実を取り除き、消毒しなおした瓶に入れ直して早めに食べましょう。

赤紫蘇を加えるときのポイント

　赤紫蘇にはアクがあるので、しっかりアク抜きしないと、梅干しが黒っぽい仕上がりになります。たっぷりの水で2～3回洗ってよく水けを切る。大きめのボウルに入れて、塩の半量を加えよく押しもみする。強く絞って汁は捨てる。同じ作業を再度繰り返し、しっかりと汁を絞りましょう。

干すときの注意点

　梅を天日干しするのは、梅の中にある水分を飛ばし、保存性を高めるためです。また、果肉に粘度が出て独特の食感が生まれるという理由もあります。

　干すときは、梅同士がくっつかないように間隔をあけて並べましょう。梅は全体に日が当たるよう途中で裏返し、ザルの位置も適宜調整するとよいですね。日が出ているうちに取り込み、容器に紫蘇と梅を戻し入れましょう。

　連続で3日ぐらい干すのが理想です。梅をつまんだときに皮が柔らかく、表面のシワがつまめ

るようになったら OK。

　干した梅のことを梅干しと呼びますが、干さなくても梅漬けとして美味しくいただけます。干す時間がない場合は、そのまま食べても OK です。

梅の活用法

梅酢・赤紫蘇の活用法

　取り出した梅酢は、ドレッシングに使う、砂糖を足して新生姜を漬けるなどに使えます。

　赤紫蘇はカラカラに干してすり鉢やフードプロセッサーにかければ、自家製のゆかりに。

万能梅ソース

・材料
　梅干し　2個
　めんつゆ（2倍濃縮）　大さじ1
　白いりごま　小さじ2

・作り方
　梅は種をとって細かくたたき、めんつゆといりごまを加えてよく混ぜ合わせる。

・使い方
　茹でた鶏と一緒にもやしと和える、きゅうりや長芋と和える、冷ややっこに刻んだ薬味と一緒にのせる、など。

梅ぽん酢ソース

・材料
　梅干し　2個
　ぽん酢　大さじ1

　ごま油　小さじ2

・作り方
　梅は種をとって細かくたたき、めんつゆといりごまを加えてよく混ぜ合わせる。

・使い方
　ぽん酢のさっぱり感にごま油のコクをプラスしているので、肉料理や魚料理に合います。豚しゃぶや蒸した白身魚、ソテーなど。

　鱈などの白身魚は電子レンジで蒸すのが簡単でおすすめ。皿に斜め薄切りにした長ねぎときのこなどを敷いて魚をのせ、酒少々をふってラップをかけて電子レンジで2〜5分ほど加熱すれば出来上がり。お好みのソースをかけていただきます。

梅干しとは違う梅そのままの味がおいしい！漬け床も活用できます

梅の塩麹漬け

🕐 漬け時間
1か月

📅 保存期間
冷蔵庫で半年

材料
完熟梅 ……………………… 200g
塩麹 ………………………… 300g

(point) 梅は黄色く熟した完熟のも
のを使います

1 梅をさっと洗い、ひとつひとつ丁寧に水けを
拭きとる。梅のなり口を竹串で取り除く。

2 消毒した保存容器に梅を入れて、塩麹を入
れる。

3 塩麹を全体に馴染ませるようにしてふたを
し、冷蔵庫で1か月ほどおく。

 梅から水分が出て、柔らかくなったら食べごろ。
梅の風味が移った塩麹は、肉や魚を漬けたり和
え物に使ったりと、さまざまな料理に活用でき
ます

おやつに食べられるような塩辛くない甘い梅干しは
毎年作るお気に入り

梅の甘酢漬け

漬け時間
3週間～

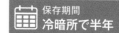
保存期間
冷暗所で半年

材料

完熟梅 …………………… 500g

A（甘酢）
　酢 …………………… 200mℓ
　砂糖 ………………… 100g
　水 …………………… 100mℓ
　粗塩 ………………… 大さじ1と1/2

point　Aの甘酢の代わりに市販の
　　らっきょう酢500mℓでも
　　OK

1 梅をさっと洗い、ひとつひとつ丁寧に水けを拭きとる。梅のなり口を竹串で取り除く。

2 消毒した瓶に梅を入れる。Aを鍋に入れて煮立たせ、砂糖が溶けたら火を止めて冷ます。

3 2の甘酢が冷めたら瓶に注ぎ入れ、ふたをして冷暗所で3週間以上おく。

point　らっきょう酢を使う場合は梅を入れた瓶に注ぐ
　　だけでOK

梅はそのまま、漬けた味噌は和え物や蒸し物の
ソースに使えます

梅の味噌漬け

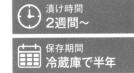
漬け時間
2週間〜

保存期間
冷蔵庫で半年

材料

完熟梅 ……………………… 100g
A
┌ 味噌 ……………………… 100g
└ 砂糖 ……………………… 50g

 味噌はお好みのもので大
丈夫です

1 梅をさっと洗い、ひとつひとつ丁寧に水けを拭きとる。梅のなり口を竹串で取り除いたら保存袋に入れ、口をとじて1日以上冷凍する。

2 消毒した保存容器に混ぜ合わせたAを半量入れ、1の梅を凍ったまま並べて埋め、残りで表面を覆う。

3 ふたをして冷暗所に2〜3週間ほどおく。梅のエキスが出て味噌がゆるくなったら冷蔵庫で保存する。

 種を除いた梅と味噌はフードプロセッサーなどでペースト状にし、鍋に入れとろみがつくまで軽く煮詰めて保存容器に入れて冷蔵庫で保存しておくと使いやすいです

5月下旬に出回る硬い青い小梅で漬ける梅干し

カリカリ小梅

漬け時間
10日～

保存期間
冷暗所で1年

材料

小ぶりの青梅 ……………500g
粗塩……… 60g（梅の重さの12%）
ホワイトリカー ……大さじ1と1/2
＊赤い小梅にする場合 …
赤紫蘇 ………………………50g
塩 ……………………………10g
（漬けてから4-5日後に使用）

1 青梅を洗い、ザルにあげ丁寧に水けを拭き
とる。竹串の先を使ってなり口をとる。

2 大きめの保存袋に梅とホワイトリカーを入れ
て馴染ませ、塩を加え全体にいきわたるよう
に袋をゆすり、口をとじる。

3 梅の重さの1.5～2倍の重しをのせ、1日に
1回底から返しながら冷暗所に2～3日ほ
どおく。

4 梅から水分が出てきたら、消毒した保存容
器に汁ごと移し、ラップで表面を密着させる
ように覆い、ふたをする。冷蔵庫で1週間ほ
どおく。

＊赤い小梅にする場合…
2～3日冷暗所においた後、梅から出た梅
酢を200mℓ取り分ける。赤紫蘇と塩をよく
もみ、出たアクを絞って捨てた後、取り分け
た梅酢を赤紫蘇に回しかける。赤紫蘇を汁
ごと梅にかぶせて再び重しをのせ、冷蔵庫
に2週間ほどおく。

塩麹の作り方

麹と塩で作る日本の伝統的な調味料。麹から出る酵素で、
塩味だけではなく甘みやうまみが増し、食品を柔らかくさせる効果があります。

材料

米麹 ……………………… 90g

塩 ………………………… 30g

水 …………… 130〜150mℓほど

米麹は生でも乾燥でもOK、分量は変わりません。水の量を調整してください

1 ボウルに米麹と塩を入れ、米麹をほぐしながらよく混ぜ合わせ、麹に塩が馴染んだら、水を加えて混ぜる。

 point　水は麹とひたひたの量になるよう調整してください

2 消毒した保存瓶に入れ、ふたをして、夏は3日間、冬は5日ほど室温におき、1日1回上下を返すように混ぜる。

3 麹を指で潰して柔らかくなったら完成。

 point　冷蔵庫で3か月は保存できます。塩辛さがまろやかになり、うまみと甘みが出ています

塩麹を作るときのコツ

　雑菌の繁殖を抑えるため、道具類は必ず消毒しましょう。煮沸消毒でき、におい移りが少ないガラス容器が特におすすめです。混ぜたり取り出したりするときのスプーンも清潔なものを使用してください。

　量を変えて作る場合も、塩分濃度は11〜12%になるように計算しましょう。それ以下になると腐敗しやすくなります。

　極端に暑い、寒い場所でなければ室温は特に気にしなくて大丈夫。直射日光が当たらない場所で熟成させましょう。

　出来上がった塩麹は保存袋などで冷凍保存が可能です。完全には凍らないので、使うときに使うぶんだけ取り出しましょう。

生麹と乾燥麹について

　米麹には生タイプと乾燥タイプがあります。どちらも蒸した米に麹菌をまぶして発酵させたもので、生麹の水分を飛ばしたのが乾燥麹です。

　生麹は購入後2〜3日以内に使い、使わない場合は冷凍庫で保存（約6ヶ月ほど保存可能）して、使うときに使うぶんだけ取り出しましょう。

　乾燥麹は常温で長期間保存できますが、塩麹などを作る場合は、完成までの時間が生麹よりかかることがあります。乾燥麹も開封後すぐに使わない場合は冷凍保存しましょう。

麹で作る三五八と三五八漬け

「三五八漬け」は麹を使った東北地方の伝統的な漬け物
本来は塩と麹と米を冬の長い間発酵させて作る「三五八」を、炊飯器で簡単に

材料

三五八 (さごはち)

米麹 ……………………………… 200g
米 …………………………………… 1合
塩 …………………………………… 50g

三五八漬け (さごはち漬け)

三五八 ……………………………… 適量
きゅうり、大根、にんじんなどお好みの野菜
…………………………………………… 適量

1 炊飯器に研いだ米を入れて1.5倍の水加減で炊き、炊けたら全体を混ぜ、保温状態（約60℃）になるまで少しおく。麹をほぐしながら加えて全体を混ぜる。

2 炊飯器の内釜に濡らして固く絞った清潔な布巾をかけ、蓋をあけたまま5〜6時間保温する。

 途中、1〜2回混ぜるとなおよいです。混ぜなくても大丈夫

3 塩を加えて混ぜたら「三五八」の完成。あら熱をとり、保存瓶、または保存袋に小分けして冷蔵庫で保存する。

 冷蔵庫で3か月は保存できます。使わない分は小分けして冷凍庫に保存すれば、使いたい量を好きなときに使えます

4 保存袋または保存容器に入れた「三五八」にお好みの野菜を入れ、冷蔵庫で1〜2日ほどおくと「三五八漬け」の完成。

point 1〜2日で食べごろになります。取り出した三五八漬けは2日ほどで食べきりましょう

三五八とは？

「三五八（さごはち）」とは、福島県発祥で東北地方に伝わる伝統的な「漬け物の素」です。冬の間に「塩：麹：米」を「3：5：8」の割合で混ぜて作っておいた「三五八」に、さまざまな野菜を漬けたのが「三五八漬け」です。私のレシピではおいしく作れるように少し量を調整しています。毎日漬ける、冷凍しておいて食べたいときに漬けるなど、上手に活用してみてください。

著者

大瀬由生子 (おおせ ゆうこ)

料理研究家。一般社団法人日本糀文化協会代表理事。まちの健康研究所健康アドバイザー。水産庁水産政策審議委員歴任。発酵・食育・野菜を中心に、「体と心が喜ぶこと」をテーマに、行政・企業・カルチャーセンターなどの講演・料理講師のほか、レストラン・企業の商品開発・イベントなどでも活躍。また、一般社団法人日本糀文化協会代表理事として、日本の発酵食品である糀文化を、日本及び世界に普及・啓蒙活動を行っている。海外(イタリア・フランス・台湾など)でも発酵講座を開催し好評を得た。幼稚園や小学校に出向き、味噌作り、親子クッキング、講演や、発達障害者の料理講座など、食育活動にも積極的に取り組む。著書は40冊以上、アジア(台湾・韓国)での翻訳もあり。NHK「あさイチ」などのテレビにも出演。

【主な著書】

『食べることは生きること』『日本の行事と行事ごはん』(以上、カナリアコミュニケーションズ)『ミラクルたのしい!はじめてのお料理レッスン』(西東社)『学校で作れる!安心・安全 クッキング(2・3・4・5巻)』(ポプラ社)『ひとり弁当』『離れた家族に届けたい作りおきごはん』『食べる米ぬか健康法』(以上、辰巳出版)『発酵パワーで元気になるみそレシピ』『季節のてしごと 保存食』(以上、春陽堂書店) 他多数

レシピ制作・料理制作:大瀬由生子
調理アシスタント:園本愛美 半場裕美
食材協力:農産物直売所かしわで 道の駅しょうなん ファームやさい倶楽部
ひぐらし菜園 kamolemi (一社)日本糀文化協会
写真撮影:ヒゲ企画
プロフィール写真:イワモトアキト
スタイリング:オフィスふたつぎ
企画:オフィスふたつぎ
校正:オフィスふたつぎ 安見佳苗

さっと漬けて今日食べられる
手軽な漬け物 定番の漬け物

発行日	2023年11月12日	第1版第1刷

著　者　大瀬　由生子

発行者　斉藤　和邦
発行所　株式会社　秀和システム
〒135-0016
東京都江東区東陽2-4-2　新宮ビル2F
Tel 03-6264-3105 (販売) Fax 03-6264-3094
印刷所　三松堂印刷株式会社　　　　　　Printed in Japan

ISBN978-4-7980-7124-4 C0077